Sascha & Torsten Wett

Sober DRINKS

Die 50 besten Drinks aus alkoholfreien Spirituosen

CHRISTIAN

Inhalt

Sauer

Frisch

Herb

Barfood

MINDFUL DRINKING IST TREND!

Als wir zum ersten Mal darüber nachdachten, Rezepte für Drinks mit alkoholfreien Spirituosen zu entwickeln, müssen wir zugeben, dass wir ein wenig skeptisch waren. Können Getränke ohne Alkohol wirklich lecker und interessant sein? »Spoiler Alert« ... ja, können sie und die für uns besten 50 davon findet ihr in diesem Buch.

Von fruchtigen und erfrischenden Drinks bis hin zu sauren und herben Getränken ist in dieser Sammlung für jeden etwas dabei. Lange galten alkoholfreie Getränke als langweilig und unbefriedigend, aber die heutigen alkoholfreien Spirituosen ändern das alles und laden dazu ein, auch völlig neue Kombinationen in Drinks auszuprobieren! Von aufregenden neuen Geschmacksrichtungen bis hin zu cleveren Mixmöglichkeiten ist die Welt der alkoholfreien Getränke eine riesengroße Spielwiese.

Egal, ob für eine Party oder einfach, um einmal etwas anderes als Wasser oder Saft zu trinken – diese Rezepte sind perfekt für jeden Anlass.

Barkeeper auf der ganzen Welt werden immer kreativer mit alkoholfreien Cocktails, die sich perfekt für alle eignen, die keinen Alkohol trinken wollen, können oder dürfen. Für uns sind sie auch eine wichtige Erweiterung des eigenen Repertoires, denn auch wenn wir durchaus Alkohol trinken, wollen wir unseren Freunden und Gästen hochwertige alkoholfreie Drinks anbieten können. Es gibt für jeden von uns etliche Gründe ganz oder zeitweise auf Alkohol zu verzichten und das bedeutet nun eben nicht mehr gleichzeitig der Verzicht auf leckere Drinks.

Wir sind Genießer durch und durch und daher gibt es auch noch acht fixe Bar-Food-Rezepte für ein Rundum-Wohlfühlprogramm. Bewusstes Trinken mit leckeren Snacks bringt nochmal extra viel Spaß.

Wir wünschen viel Freude mit diesem Buch. Wir hoffen, es beflügelt die Kreativität und eröffnet ganz vielen Menschen die Tür zu alkoholfreiem Genuss ohne Grenzen.

Sascha & Torsten

Sober Drinks – was ist das eigentlich? Die Antwort ist ganz einfach. Das sind hochwertige Drinks ohne Alkohol. Das an sich ist nichts wirklich Neues. Was sich aber in den letzten Jahren deutlich geändert hat, ist die Herangehensweise.

Wenn ihr auf der Suche nach alkoholfreien Cocktails seid, dann stoßt ihr ganz schnell auf das Wort Mocktail. Wie das Wort schon sagt, ist der Gedanke dabei, Cocktails nachzuahmen (engl. to mock) und dabei werden die Spirituosen ganz oft einfach weggelassen und damit auch entscheidende geschmackliche Komponenten. Denn der Alkohol ist kein unerheblicher Geschmackgeber. Das Ergebnis ist oft ein wenig enttäuschend und eindimensional. Wir möchten in unserem Buch eben genau mit der Meinung aufräumen, dass alkoholfreie Cockails und Drinks langweilig sein müssen. Die Entdeckung der alkoholfreien Spirituosen eröffnet eine neue Welt und so viele neue Möglichkeiten.

Natürlich haben wir uns von einigen Cocktailklassikern inspirieren lassen, aber eben auch ganz neue und eigene Drinks kreiert – eins sind sie aber alle nicht, nämlich langweilig!

Die alkoholfreien Spirituosen sind facettenreich und unterscheiden sich mitunter sehr stark, wie eben auch nicht jeder Gin mit Alkohol gleich schmeckt. Daher gibt es nun auch in der Welt der alkoholfreien Drinks unglaublich viel Spielraum.

Neben den perfekten Zutaten, braucht ihr aber auch das passende Equipment und dazu gehören die richtigen Gläser und das nötige Cocktailzubehör. Für alles davon haben wir jede Menge Infos für euch! Wie eine gute Erstausstattung für eine ordentliche Sober Bar aussieht, zeigen wir natürlich auch. Bevor es zu den Rezepten geht, bekommt ihr noch ein paar wichtige Basiszutaten und Rezepturen mit, die für einen ordentlichen Sober Drink nicht fehlen dürfen.

Glaskunde

Cocktailschale

Die Cocktailschale ist vermutlich die eleganteste Art einen Drink zu servieren. Das Stielglas kommt in den verschiedensten Formen vor, wobei das Martiniglas wohl das berühmteste ist. Wir sind große Fans von Coupettes, die eben entgegen dem Martiniglas, eine bauchige Form haben. Klassischerweise werden in Cocktailschalen Drinks serviert, die ohne Eis ins Glas kommen. Daher ist auch die Füllmenge eher gering und fasst ca. 100 ml. Damit der Drink aber dennoch kalt genossen werden kann, solltet ihr die Cocktailschalen entweder in den Tiefkühler geben oder vor dem Einschütten mit Eiswürfeln runterkühlen. Danach gilt das gleiche Prinzip wie bei Weingläsern – immer am Stil anfassen!

Tumbler

Tumbler kennen wohl viele als »Whisky-Glas«. Das kurze Glas mit in der Regel schwerem und dickem Glasboden ist nämlich insbesondere dafür bekannt. Generell eignen sich Tumbler perfekt für Drinks, die auf Eis serviert werden. Ihr findet sie in eckiger Form oder mit einem bauchigen Boden. Der Name kommt vermutlich daher, dass die Gläser früher an der Unterseite nicht ganz gerade waren, dadurch wackelten und gerne umfielen (englisch: to tumble). In der Regel fassen sie ca. 300 ml und wir nehmen sie am liebsten für kräftige Drinks auf Eis.

Longdrinkglas/Highballglas

Das Longdrinkglas ist bestimmt den meisten bekannt und spätestens dank des Hypes, um den Gin Tonic in vielen Hausbars zu finden. Mittlerweile ist auch die Bezeichnung Highball hierzulande immer häufiger zu finden. Wo der genaue Unterschied liegt, ist umstritten, aber typisch für beide Drinktypen ist, dass sie mit einem meist kohlensäurehaltigen Getränk aufgeschüttet werden (dem sogenannten Filler). Die Gläser sind in der Regel hoch und schlank. Das Fassungsvermögen schwankt zwischen 200 ml und 300 ml. Also das passende Glas für Drinks, die mit eher großem Volumen und auf Eis serviert werden.

Schwenker

Dieses Glas findet man bei Cocktails seltener, denn es wird typischerweise eher für Cognac, Whisky und Co. verwendet. Typisch sind ein kurzer Stiel und eine sehr bauchige Form, die zur Öffnung hin sehr schmal wird. Dadurch können sich Aromen im Glas gut ausbreiten und werden dann gezielt an die Nase geführt. Dieses Prinzip vertreten auch die sogenannten Nosing-Gläser. Drinks, die mit viel Aromen ausgestattet sind, können von einem Schwenker auf jeden Fall profitieren. Die Füllmengen variieren hier sehr stark. Alternativ könnt ihr auch Tumbler oder Weingläser nehmen, die eher bauchig sind.

Weinglas

Das klassische Weinglas ist ebenfalls eine gute Basis für die Hausbar. Einige Drinks kann man ganz hervorragend aus dem Weinglas genießen, vor allem die auf Basis von alkoholfreien Weinen bestehen. Allen voran der Sangria oder auch der alkoholfreie Spritz. Da die meisten Haushalte Weingläser zu Verfügung haben, sind sie generell gut zu nutzen, wenn nach eher bauchigen Gläsern verlangt wird.

Becher/Krug

Der Becher, meist aus Kupfer, ist recht frisch in den Hausbars gelandet. Schuld ist mal wieder ein Trendgetränk – der Moscow Mule. Er wird typischerweise aus einem Kupferbecher getrunken und erfüllt im Prinzip den gleichen Zweck wie ein Highballglas. Das Kupfer speichert die Kälte des Drinks aber nochmal etwas besser und ist daher für Cocktails auf Crushed Eis sehr praktisch. Außerdem ist es ein echter Hingucker. Ach ja, keine Sorge ... auf den Geschmack hat der Metallbecher gar keinen Einfluss.

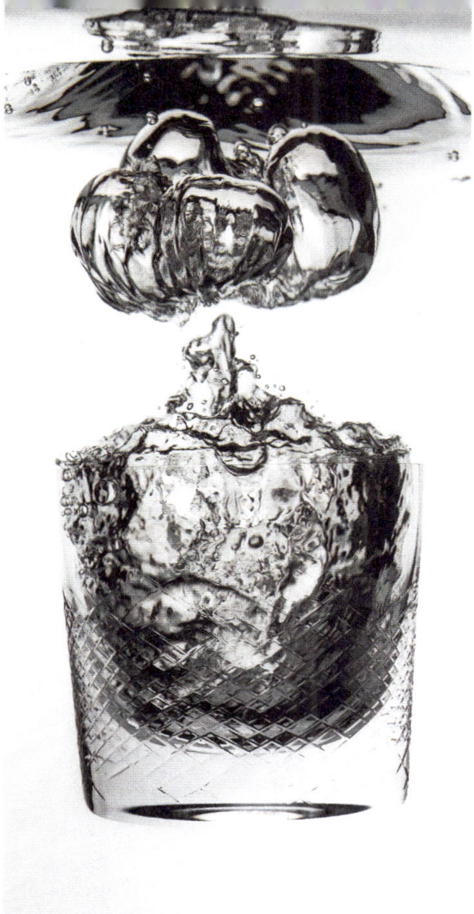

Cocktailzubehör

Shaker
Essenziell für jede gute Hausbar ist ohne Zweifel ein Cocktail-Shaker. Er dient dazu, Zutaten perfekt miteinander zu vermischen, wenn sie sich sonst etwas schwerer tun (z. B. Sahne, Sirupe, Eier etc.). Hier hat man die Wahl aus drei typischen Varianten – der Boston Shaker, der drei- und der zweiteilige Shaker. Den Boston Shaker seht ihr in den meisten Bars. Er besteht aus einem Metallbecher und einem etwas kleineren Mixglas. Geshaked wird dann mit beiden Händen. Er benötigt ein wenig Übung, vor allem beim Öffnen. Der Boston Shaker wird durch einen gezielten Schlag auf die Seite des Metallbechers geöffnet. Wer das beherrscht, ist mit dem Boston Shaker schnell unterwegs und die Reinigung ist auch fix und einfach gemacht. Typischer für die Hausbar sind drei- oder zweiteiliger Shaker. Diese sind komplett aus Metall und bei dem Dreiteiligen ist im Deckel zusätzlich noch ein Barsieb eingebaut. Das Oberteil schließt bündig mit dem Unterteil ab und ist so im Handling etwas einfacher. Einige fallen dabei etwas kleiner aus und lassen sich so auch einhändig shaken. Meistens ist diese Art Shaker auch Teil von typischen Cocktail-Sets und ihr seid damit bestens für alle Drinks in diesem Buch ausgestattet.

Rührglas/Mixglas
Das Rührglas ist für alle Drinks, bei denen sich alle Zutaten problemlos durch Rühren vermischen lassen. Das Rührglas hat typischerweise einen Schnabelausguss. Es wird komplett mit Eis gefüllt und so die Zutaten perfekt heruntergekühlt. Das Eis sollte auf keinen Fall Crushed Ice oder aus zu kleinen Eiswürfeln bestehen. Dabei ist zwar die Oberfläche am größten und man könnte damit den Drink am schnellsten herunterkühlen, aber damit verwässert auch das Getränk. Mittelgroße Eiswürfel sind perfekt dafür geeignet.

Wichtig beim Rühren im Rührglas ist auch, dass das in schnellen Kreisen geschieht. Je schneller mit dem Barlöffel gerührt wird, umso schneller kühlt das Getränk und umso weniger verwässert es. Nach dem Verrühren kommt der Drink durch ein Barsieb ins Glas. Wer einen Boston Shaker hat, kann auch das Mixglas als Rührglas verwenden.

Barlöffel
Der Barlöffel dient nicht nur dem perfekten Verrühren im Rührglas. Durch den langen Stil ist er praktisch zu nutzen und dient darüber hinaus auch als Maßeinheit. Ein Barlöffel (BL) entspricht ca. 0,5 cl.

Barmaß/Jigger
Das Barmaß oder auch Jigger macht euch das Leben sehr viel einfacher. Perfekt um kleine Mengen abzumessen, sind die meisten Drinks auf diese Maßeinheiten ausgerichtet. Eine Seite fasst in der Regel 2 cl und die andere 4 cl.

Barsieb/Strainer
Das Eis, mit dem geshaked oder gerührt wird, kommt nur in den seltensten Fällen auch ins Glas. Daher wird das Barsieb genutzt, um den Drink ins Glas abzuseihen, sodass das Eis im Shaker oder Rührglas zurückbleibt. Aber auch andere größere Bestandteile von Drinks wie Obst, Kräuter etc. kommen so nicht ins Glas. Der dreiteilige Shaker hat dieses Sieb schon im Deckel integriert.

Barstößel/Muddler
Dieses Barwerkzeug kennen bestimmt die meisten von euch. Für einen Caipirinhia ist es unerlässlich. Der Stößel dient dem Andrücken von Obst, Kräutern oder Gewürzen. Es gibt ihn aus Holz, Kunststoff oder Edelstahl.

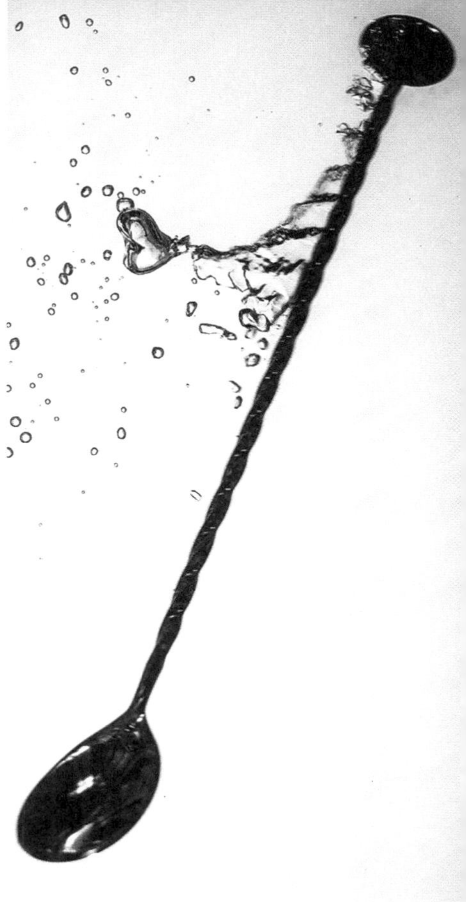

Sober Bar – alkoholfreie »Spirits«

Wir sind leidenschaftliche Fans von hochwertigen Spirituosen und Drinks. Das Spiel mit Aromen ist für uns ein wichtiger Bestandteil von Genuss und die Welt der alkoholfreien Spirituosen war eine große neue Schatzkiste für uns. Gin-Alternativen, Rum-Alternativen, Whisky-Alternativen, alkoholfreier Wein und vieles mehr gibt es dort zu entdecken.

Was für uns auch schon bei z. B. Fleischalternativen gilt, gilt auch hier – macht euch von der Erwartungshaltung des »absolut« identischen Geschmacks frei und lasst euch ohne Vorbehalt von den Aromen überzeugen. Das haben wohl auch die Hersteller der alkoholfreien Spirits gemerkt, und auf vielen Flaschen steht gar nicht mehr explizit, was sie ersetzen sollen, sondern eher welches Geschmacksprofil man erwarten darf. Oftmals kann eine Alternative gar nicht hundertprozentig wie die alkoholische Spirituose schmecken, denn der Alkohol dient eben nicht nur dem Rausch, sondern ist essenziell für viele Aromen. Einige Aromen lösen sich in Alkohol deutlich besser, bzw. ausschließlich in Alkohol. Macht einfach mal den Test und legt z. B. Steinobst in Alkohol und in Wasser – ihr könnt euch denken welche Variante nach einiger Zeit mehr Aromen aufgenommen hat. Der Alkohol hat aber auch noch einen zweiten Aspekt – Haltbarkeit. Die gilt es bei den alkoholfreien Spirits zu beachten, wobei unserer Erfahrung nach hier, wie bei vielen Lebensmitteln, diese Daten nicht als Ultimatum gesehen werden sollen.

Was uns begeistert hat, ist die Experimentierfreude der Produzenten, alkoholtypische Geschmacksprofile nachzubilden. Etliche Kräuter, Wurzeln bis hin zu roter Bete werden hier ins Spiel gebracht. Die Sober Bar darf also auch gerne mehr als eine Alternative beinhalten, denn jede bringt ein wenig andere Aromen in den Drink. In den Rezepten haben wir unseren Favoriten vermerkt, aber wie so oft ist da nichts in Stein gemeißelt und Geschmäcker sind bekanntlich verschieden.

Was braucht ihr denn nun für den Start in eure eigene Sober Bar? Wir listen euch einige der aktuell im Handel verfügbaren Alternativen für Spirits auf, mit denen ihr sofort eine große Anzahl an Drinks mixen könnt. Super ersetzt werden können

- **Gin**
- **Rum**
- **Vermouth**
- **Bitter**
- **Wein**
- **Schaumwein**
- **Bier**
- **Whisky**

Auch über den Zeitraum, in der wir dieses Buch geschrieben und die vielen Rezepte kreiert haben, hat sich die Vielfalt an solchen Alternativen rasant vergrößert. Es lohnt sich also, ein Auge auf die verschiedenen Hersteller zu werfen und das Treiben zu beobachten.

Nun möchten wir aber noch unseren lieben Freund Simon Bach, der in seiner Bar »Woods« in Köln unfassbar tolle Cocktails serviert, mit einigen Gedanken zum Thema zu Wort kommen lassen. Seid gespannt, wie ein Gastronom zum Thema Sober Drinks steht.

PIÑA COLADA
MIMOSA
LAØRI
ALCOHOL-FREE
BOAR
DR. JAGLAS
HERBER
HIBISKUS

Kommentar eines Bartenders

»Als Bartender und Inhaber des Woods in Köln werde ich oft gefragt, was denn die nächste große Trendspirituose nach dem Gin-Hype ist oder wird. Nun ja, kurz gesagt: Es gibt keine. Weder Korn noch Wodka. Nicht der Wermut und auch kein Tequila. Auch nicht der Außenseiter Mezcal oder gar Aquavit. Keine Spirituose hat es geschafft, in die großen Fußspuren des Gins zu treten. Aber vielleicht schauen wir da auch in die falsche Richtung.
Wenn sich ein Trend abzeichnet, dann ist es wohl der Hang zum alkoholfreien. Versteht mich nicht falsch, es wird immer die geben, die Berauschung suchen und Alkohol trinken möchten. Auch ist für Connaisseure der Alkohol als Geschmacksträger bei guten Drinks oftmals unersetzbar. Doch es zeichnen sich immer mehr gute Alternativen ab. Und vor allem steigt immer mehr die Wertschätzung von Cocktails, die doch eigentlich gar keine sind.
Werfen wir einen Blick in die Geschichtsbücher finden wir bei der Entstehung des Cocktails diesen stets in Verbindung mit Alkohol. So ist der Ursprung doch die modifizierte Spirituose schlechthin.
Doch heute geht es längst nicht mehr nur darum. Komplexe Aromen haben Einzug gefunden in das Mischgetränk im Glas. Man geht vielerorts aus, um mit Faszination eine flüssige Geschichte erzählt zu bekommen. Es geht nicht mehr nur ums Trinken, um den Alkohol. Es geht um das Erlebnis, das Zusammenspiel der Aromen, die Reise auf der Zunge. Ob als Herausforderung des gewieften Bartenders oder auf Wunsch des abstinenten Gastes. Immer mehr wird versucht, diese Komplexität auch ohne Alkohol darzustellen. Alkoholfreie Destillate helfen dabei und sind heute endlich auch in größerer Masse und Vielfalt erhältlich. Aber auch ohne diese neue Basis finden viele Menschen hinter der Bar Wege, eine vielschichtige Reise im Glas ohne Alkohol zu schaffen. ›Alkoholfrei und nüchtern‹ gibt es jetzt schon die ersten ›Sobars‹. Zumindest aber findet man immer häufiger, dass alkoholfreie Mischgetränke einen ebenbürtigen Platz in den Cocktailkarten dieser Welt bekommen. Ob gleich ein ganzes Menü in ›mit und ohne Alkohol‹ oder nur allen anderen Drinks gleichgestellt, ohne zu werten wie z. B. im Woods. Immer wichtiger wird hier die Auswahl. Das Unwort ›Mocktail‹ findet kaum mehr Verwendung und wirkt schon jetzt wie ein Relikt einer längst vergessenen Zeit.«

WOODS Bar
Friesenstraße 49
50670 Köln
woods-cologne.de

Anmerkungen und Tipps zu unseren Rezepten

Worterklärungen und Abkürzungen

- BL = Barlöffel
- Dash = kleiner Spritzer einer Flüssigkeit (mehr als ein Tropfen | weniger als ein Schuss)
- Floaten = langsames Gießen einer Flüssigkeit über einen Barlöffel
- Gekühlte Gläser = wenn Drinks ohne Eiswürfel serviert werden, sollten die Gläser vorab für ca. 15 Minuten ins Tiefkühlfach. Alternativ kann man Eiswürfel darin schwenken und diese vor dem Befüllen entfernen
- Soda/Sodawasser = kohlensäurehaltiges Wasser mit hohem Anteil an Natriumhydrogencarbonat (Natron) – alternativ bietet sich Mineralwasser an
- Zesten = dünne Streifen der äußeren Schicht von Fruchtschalen – ihr könnt spezielle Zestenschneider, aber auch einen handelsüblichen Sparschäler dazu verwenden

Basisrezept Sirup

In vielen Cocktailrezepten werden verschiedene Varianten an Sirup verwendet. Vom einfachen Zuckersirup über Kräutersirup bis hin zu Fruchtsirup. Wenn ihr euch diese selber herstellen möchtet, ist das kein Hexenwerk und dafür haben wir hier ein leichtes Rezept.

Zuckersirup

Bringt 1:1 Anteile Zucker und Wasser gemeinsam in einem Topf zum Kochen und lasst alles für 15 Minuten sprudelnd kochen. Füllt den Sirup dann in saubere Flaschen ab.

Zum Aromatisieren von Zuckersirup, lasst ihr einfach die gewünschte Frucht oder ein Kraut mit köcheln und seiht den Sirup durch ein feines Sieb, um es in eine saubere Flasche abzufüllen. Am besten verwendet ihr zusätzlich zum Sieb ein sauberes Tuch oder einen Kaffeefilter, damit keine Rückstände darin zurück bleiben.

Auch Teesorten eignen sich perfekt als Basis für einen Sirup. Dafür brüht ihr zunächst einen Tee auf, lasst ihn ziehen und kocht diesen dann, wie oben beschrieben mit Zucker auf.

Selbst hergestellte Sirupe sollten im Kühlschrank aufbewahrt werden.

Wenn's doch mal Alkohol sein soll ...

Wenn ihr unsere Rezepte hier im Buch doch einmal mit einem alkoholischen Destillat anstelle einer Alternative mixen möchtet, geht das natürlich. Hier solltet ihr allerdings die folgenden zwei Dinge beachten:

- Bis auf wenige Ausnahmen kann man die Alternativen 1:1 ersetzen. Nur bei den alkoholfreien Whisky-, Gin- und Rum-Alternativen solltet ihr euch ein wenig rantasten und die Menge des alkoholischen Destillats zunächst einmal reduziert verwenden.
- Da einige Cocktails gleich verschiedene alkoholfreie Alternativen beinhalten, könnt ihr dann auch jeweils nur 1 davon mit einem alkoholischen Destillat ersetzen und somit den Alkoholgehalt im Drink reduzieren, aber nicht ganz darauf verzichten.

Lagerung und Haltbarkeit

Im Gegensatz zu ihren alkoholischen Pendants, verfügen alkoholfreie Spirits natürlich nicht über eine gleich lange Haltbarkeit. Dafür ist ja der Alkohol in erster Linie verantwortlich.
Daher solltet ihr bei alkoholfreien Produkten darauf achten, sie nach dem Öffnen im Kühlschrank aufzubewahren und innerhalb weniger Wochen zu verbrauchen. Die Haltbarkeitsangabe des Herstellers ist hier für euch ausschlaggebend.

Mengenangaben in unseren Rezepten

Die Mengen, die wir in unseren Rezepten angeben, sind für 1 Drink vorgesehen. Lediglich Rezepte wie zum Beispiel Bowle, Sangria etc. sind mit davon abweichenden Portionsgrößen gemixt. Daher achtet bitte auf unsere Angabe im Rezept.

Fruchtig

ALMOND OAK

ZUTATEN

2 cl Rum-Alternative
(unsere Wahl: Siegfried Wonderoak)

1 cl Mandelsirup

6 cl Apfelsaft

1 cl Limettensaft

2 BL Grenadine-Sirup

ZUBEHÖR

Shaker

Barsieb

Barlöffel

Zestenschneider

Deko

Apfelzeste

Glas

Highball

ZUBEREITUNG

1. Gebt die Rum-Alternative, Mandelsirup, Apfel- und Limettensaft in ein mit Eiswürfeln gefüllten Shaker.

2. Shaked kräftig für 10–15 Sekunden.

3. Gießt den Drink durch ein Barsieb in ein mit Eiswürfeln gefülltes Highball-Glas.

4. Gebt dann noch den Grenadinesirup darüber und dekoriert mit einer Apfelzeste.

MARACUJA SPRITZ

ZUTATEN

4 cl Vermouth-Alternative
(unsere Wahl: Undone No 08)

2 cl Maracujasirup

1 cl Zitronensaft

½ Passionsfrucht, Fruchtfleisch

alkoholfreier Frucht-Secco
(unsere Wahl: Van Nahmen – Apfel-Quitte)

ZUBEHÖR

Rührglas

Barlöffel

Barsieb

Deko

Rosmarinzweig

Glas

Tumbler

ZUBEREITUNG

1. Gebt alle Zutaten, bis auf den Secco, in ein mit Eis gefülltes Rührglas und kühlt den Drink mit schnellen Kreisen runter.

2. Gießt den Drink durch ein Barsieb in den mit Eiswürfeln gefüllten Tumbler ab.

3. Füllt den Drink mit alkoholfreiem Secco auf.

4. Dekoriert den Drink mit einem Rosmarinzweig.

TROPICAL SLUSH

Inspiriert durch den Frozen Mango Daiquiri

ZUTATEN

150 g TK-Mangowürfel

60 g Eiswürfel

10 cl Rum-Alternative
(unsere Wahl: Undone No.1)

2 cl Basilikumsirup

2 cl Zitronensaft

ZUBEHÖR

Mixer

Deko

1 Basilikumblatt

Glas

Cocktailschale

ZUBEREITUNG

1. Zerkleinert gründlich alle Zutaten in einem Mixer in mehreren Pulsstößen.

2. Füllt die Eismasse in eine gekühlte Cocktailschale.

3. Dekoriert den Drink mit einem Basilikumblatt.

TIPP

Das Rezept kann auch wunderbar als Basisrezept verwendet werden, solltet ihr andere TK-Früchte verwenden wollen.

WILDBERRY BOWLE

ZUTATEN

700 ml alkoholfreier Rosé-Sekt
400 g gemischte Beeren
3 Zweige Minze
4 cl Grenadinesirup
2 cl Zitronensaft
700 ml Wildberry-Limo

ZUBEHÖR

großes Gefäß
Kelle

Deko

je 2–3 Himbeeren und Brombeeren
Minzblätter

Glas

Wasserglas oder Bowleglas

ZUBEREITUNG

1. Gebt alle Zutaten, bis auf die Limo, in ein großes Gefäß.
2. Lasst sie 1–2 Stunden im Kühlschrank abgedeckt ziehen und stellt die Limo ebenfalls kalt.
3. Gießt nun die Limonade in das Gefäß.
4. Füllt die Bowle mit einer Kelle in mit Eiswürfeln befüllte Gläser.
5. Dekoriert die Bowle mit Minzblättern sowie den Himbeeren und den Brombeeren.

WEISSE SANGRIA

ZUTATEN

1 Pfirsich, in Stücke geschnitten

1 cl Zitronensaft

100 ml Orangensaft

1 Zweig Minze, die Blätter davon

300 ml alkoholfreier Weißwein

4 cl Vermouth-Alternative
(unsere Wahl: Martini Floreale)

2 cl Zuckersirup

150 ml kalten Früchtetee
(Pfirsich oder ähnliches)

ZUBEHÖR Karaffe

Glas

Schwenker oder Weinglas

ZUBEREITUNG

1. Gebt alle Zutaten in eine Karaffe.

2. Lasst sie 1–2 Stunden im Kühlschrank abgedeckt ziehen.

3. Füllt die Sangria in einen mit Eiswürfeln gefüllten Schwenker.

ROTE SANGRIA

ZUTATEN

1 Orange, in Scheiben geschnitten und geviertelt

1 Handvoll rote Trauben

300 ml alkoholfreier Rotwein

8 cl Vermouth-Alternative
(unsere Wahl: Martini Vibrante)

2 cl Zitronensaft

4 cl Zuckersirup

6 cl Gin-Alternative
(unsere Wahl: Brandstifter)

ZUBEHÖR Karaffe

Glas

Schwenker oder Weinglas

ZUBEREITUNG

1. Gebt alle Zutaten in eine Karaffe.

2. Lasst sie 1–2 Stunden im Kühlschrank abgedeckt ziehen.

3. Füllt die Sangria in ein mit Eiswürfeln gefülltes Weinglas.

PETTERSSON & FINDUS

Woods ORIGINAL

ZUTATEN

4 cl Rum-Alternative
(unsere Wahl: Siegfried Wonderoak)

3 cl Erdbeer-Waldbeer-Püree

3 cl Limettensaft

1,5 cl Zuckersirup

1 Tropfen Liquid Smoke

ZUBEHÖR

Shaker

Barsieb

Deko

rosa Beeren, gemahlen

Glas

Highballglas

ZUBEREITUNG

1. Gebt alle Zutaten in einen mit Eiswürfeln gefüllten Shaker.

2. Shaked kräftig für 10–15 Sekunden.

3. Füllt den Drink durch ein Barsieb in ein mit Eiswürfeln gefülltes Highballglas ab.

4. Dekoriert die Oberfläche mit gemahlenen rosa Beeren.

TIPP

Alternativ zum Erdbeer-Waldbeer-Püree könnt ihr auch passierte Erdbeer-Konfitüre nehmen.

BERRY MULE

ZUTATEN

4 cl Gin-Alternative
(unsere Wahl: Siegfried Wonderleaf)

1 BL Blaubeermarmelade

2 cl Limettensaft

10 cl Spicy Ginger

ZUBEHÖR

Shaker

Barsieb

Deko

einige Blaubeeren

Minzblätter

Glas

Kupferbecher

ZUBEREITUNG

1. Gebt alle Zutaten, bis auf das Spicy Ginger, in einen mit Eiswürfeln gefüllten Shaker.

2. Shaked kräftig für 10–15 Sekunden.

3. Füllt den Drink durch ein Barsieb in einen mit Crushed Ice gefüllten Kupferbecher ab.

4. Dekoriert den Drink mit einigen Blaubeeren und Minzblättern.

TIPP

Der Kupferbecher ist nicht Pflicht – er dient eher der Optik. Ein Longdrinkglas tut es im Zweifel auch.

MY CHAI

ZUTATEN

4 cl Rum-Alternative
(unsere Wahl: Siegfried Wonderoak)

4 cl kalter Chai-Tee

1 cl Zuckersirup

3 cl Zitronensaft

1 BL Aprikosenkonfitüre

ZUBEHÖR

Shaker

Barsieb

Glas

Cocktailschale

ZUBEREITUNG

1. Gebt alle Zutaten in einen mit Eis gefüllten Shaker.

2. Shaked kräftig für 10–15 Sekunden.

3. Füllt den Drink durch ein Barsieb in eine gekühlte Cocktailschale ab.

RASPBERRY COPPLER

Inspiriert durch den Cherry Coppler

ZUTATEN

5 Himbeeren

1 Organgenscheibe, geviertelt

2 cl Zuckersirup

4 cl alkoholfreier Wein
(unsere Wahl: König & Krieger Riesling)

2 cl Vermouth-Alternative
(unsere Wahl: Conviv rosso)

2 cl Amaretto-Alternative
(unsere Wahl: Lyre's Amaretti)

4 cl Orangensaft

ZUBEHÖR

Shaker

Barstößel

Barsieb

Deko

2–3 Himbeeren

Minzblätter

Glas

Highballglas

ZUBEREITUNG

1. Gebt die Himbeeren und Orangenscheiben in den Shaker und drückt sie mit dem Barstößel an.

2. Füllt mit Eiswürfeln auf und gebt die übrigen Zutaten dazu.

3. Shaked kräftig für 10–15 Sekunden.

4. Füllt den Drink gleichzeitig durch ein Barsieb in ein mit Chrushed Ice und einigen Himbeeren gefülltes Highballglas ab.

5. Dekoriert den Drink mit Minzblättern.

Bitter

NOGRONI

Inspiriert durch den Cherry Coppler

ZUTATEN

4 cl Gin-Alternative
(unsere Wahl: Brandstifter Gin alkoholfrei)

4 cl roter Vermouth-Alternative
(unsere Wahl: Conviv Rosso)

2 cl Bitter-Alternative (unsere Wahl: Undone No. 7)

ZUBEHÖR

Rührglas
Barlöffel
Barsieb
Zestenschneider

Deko

Orangenzeste

Glas

Tumbler

ZUBEREITUNG

1. Verrührt alle Zutaten in einem mit Eis gefüllten Rührglas und kühlt den Drink so mit schnellen Kreisen runter.

2. Gebt einige Eiswürfel in einen Tumbler und gießt den Drink durch ein Barsieb hinein.

3. Drückt eine Orangenzeste über dem Drink aus und gebt sie dann ins Glas.

BROOKLYN

Inspiriert durch den Manhattan (enthält minimale Spuren von Alkohol)

ZUTATEN

8 cl Rum-Alternative
(unsere Wahl: Easip Woods)

3 cl Vermouth-Alternative
(unsere Wahl: Conviv Milano)

1 Dash Angostura

1 Tropfen Hickory-Flüssigrauch

ZUBEHÖR

Rührglas
Barlöffel
Cocktailspieß

Deko

Amarena-Kirschen

Glas

Cocktailschale

ZUBEREITUNG

1. Verrührt alle Zutaten in einem mit Eis gefüllten Rührglas und kühlt den Drink so mit schnellen Kreisen runter.

2. Gießt den Drink durch ein Barsieb in eine gekühlte Cocktailschale.

3. Spießt 2 Amarenakirschen auf einen Cocktailspieß und drapiert ihn auf dem Glas.

TIPP

Wenn ihr den Cocktail mit null Prozent Alkohol genießen möchtet, dann lasst den Angosturabitter weg und gebt ein paar Tropfen Bittersirup hinein.

ZERO MARTINI

ZUTATEN

6 cl Gin-Alternative
(unsere Wahl: Laori Juniper No. 01)

2 cl Vermouth-Alternative
(unsere Wahl: Martini Floreale)

1 Glas grüne Oliven

ZUBEHÖR

Rührglas
Barlöffel
Barsieb
Cocktailspieß

Deko

grüne Oliven aus dem Glas

Glas

Cocktailschale

ZUBEREITUNG

1. Verrührt die Gin- und Vermouth-Alternative mit 1 BL Olivensud in einem mit Eis gefüllten Rührglas und kühlt den Drink so mit schnellen Kreisen runter.

2. Füllt den Drink durch ein Barsieb in eine gekühlte Cocktailschale.

3. Spießt 3 Oliven auf einen Cocktailspieß und dekoriert das Glas damit.

TIPP

Wie bei alkoholischen Destillaten schmeckt nicht jede Alternative gleich. Vor allem hier spielt gerne mal mit den Gin- und Vermouth-Alternativen rum – das Geschmacksprofil ist mitunter sehr unterschiedlich.

FIRENZE

Inspiriert durch den White Negroni

ZUTATEN

helle Weintrauben

6 cl alkoholfreier Wein

4 cl weiße Vermouth-Alternative (unsere Wahl: Conviv Bianco)

1 cl Thymiansirup (alternativ Holunderblütensirup)

ZUBEHÖR

Rührglas

Barlöffel

Barsieb

Deko

frischer Thymian

Glas

Tumbler

ZUBEREITUNG

1. Legt die hellen Weintrauben mindestens 2 Stunden vor der Zubereitung in das Tiefkühlfach.

2. Verrührt den alkoholfreien Wein mit der Vermouth-Alternative und den Thymiansirup in einem mit Eis gefüllten Rührglas und kühlt den Drink so mit schnellen Kreisen runter.

3. Seiht den Drink durch ein Barsieb in einen mit Eiswürfeln befüllten Tumbler.

4. Gebt einige tiefgekühlte Weintrauben dazu.

5. Dekoriert das Glas mit etwas frischem Thymian.

TIPP

Tiefgefrorene Weintrauben sind generell ein genialer Snack, vor allem an warmen Tagen. Ein paar davon im Sommer in einer alkoholfreien Weinschorle bringen die perfekte Erfrischung.

BLOODY ORANGE

Inspiriert durch den Americano

ZUTATEN

2 Blutorangenspalten

4 cl Vermouth-Alternative
(unsere Wahl: Conviv Bianco)

2 cl Bittersirup (z.B. Monin)

1 Spritzer Blutorangensaft

Soda

ZUBEHÖR

Barlöffel

Glas

Tumbler

ZUBEREITUNG

1. Befüllt einen Tumbler zur Hälfte mit Eiswürfeln und den Blutorangenspalten.

2. Gebt die Vermouth-Alternative, den Bittersirup und 1 Spritzer Blutorangensaft ins Glas.

3. Rührt den Drink im Glas um und füllt es mit Soda auf.

CHOCOLATE BITTERONI

Inspiriert durch den Americano (enthält minimale Spuren von Alkohol)

ZUTATEN

3 cl Gin-Alternative
(unsere Wahl: Vogelfrei Gin)

3 cl Vermouth-Alternative
(unsere Wahl: Martini Floreale)

2 cl Bitter-Alternativ
(unsere Wahl: Dr. Jaglas – Herber Hibiskus)

1 cl Schokoladensirup (z.B. Monin)

1 Dash Chocolate Bitter (z.B. Fee Brothers)

1 TL Kakaopulver

ZUBEHÖR

Rührglas
Barlöffel
Barsieb
feines Sieb

Glas

Tumbler oder Cocktailschale

ZUBEREITUNG

1. Gebt alle Zutaten, bis auf das Kakaopulver, in ein mit Eis gefülltes Rührglas und kühlt den Drink mit schnellen Kreisen runter.

2. Füllt den Drink durch ein Barsieb in den Tumbler ab.

TIPP

Für einen Extra-Kick siebt ihr vor dem Servieren etwas Kakaopulver darüber und röstet es währenddessen mit einem Bunsenbrenner. Dadurch bekommt der Kakao eine herbere Note und eine »rauchigere Nase«.

DER FUCHS

Woods ORIGINAL

ZUTATEN

6 cl Cranberrysaft

4,5 cl alkoholfreier Bitter-Aperitif (z.B. Crodino)

2 cl Apfelsaft

5 Dash Lakritz-Anis-Sirup (z.B. Antésite)

ZUBEHÖR

Rührglas

Barlöffel

Barsieb

Glas

Schwenker

ZUBEREITUNG

1. Gebt alle Zutaten in ein mit Eis gefülltes Rührglas und kühlt den Drink mit schnellen Kreisen runter.

2. Füllt den Drink durch ein Barsieb in einen mit 3–4 Eiswürfeln gefüllten Schwenker ab.

VIRGIN COSMOPOLITAN

ZUTATEN

8 cl Cranberry-Nektar

2 cl Limettensaft

4 cl Italian-Bitter-Alternative
(unsere Wahl: Undone No. 7)

ZUBEHÖR

Rührglas

Barlöffel

Barsieb

Zestenschneider

Deko

Orangenschale

Glas

Cocktailschale

ZUBEREITUNG

1. Gebt alle Zutaten in ein mit Eis gefülltes Rührglas und kühlt den Drink mit schnellen Kreisen runter.

2. Füllt den Drink durch ein Barsieb in eine gekühlte Cocktailschale ab.

3. Dekoriert das Glas mit einem Stück einer Orangenschale.

SPICY COLA

ZUTATEN

2 cl Apfelsaft
2 cl Kirschsaft
1 cl Limettensaft
2 cl Cola-Sirup
2 cl Rum-Alternative (unsere Wahl: Undone No. 1)
3 Tropfen Tabasco

ZUBEHÖR

Rührglas
Barlöffel
Barsieb

Deko

Limettenscheiben

Glas

Cocktailschale

ZUBEREITUNG

1. Gebt alle Zutaten in ein mit Eis gefülltes Rührglas und kühlt den Drink mit schnellen Kreisen runter.
2. Shaked kräftig für 10–15 Sekunden.
3. Füllt den Drink durch ein Barsieb in eine mit Crushed Ice gefüllte Cocktailschale ab.
4. Dekoriert das Glas mit einer Limettenscheibe.

TIPP

Für ein wenig mehr prickeln könnt ihr auch den Cola-Sirup weglassen und den Drink in ein Longdrinkglas geben und mit Cola aufgießen.

Cremig

JOHANNISBEER COLADA

ZUTATEN

10 cl Creme de Coco
(z. B. CocoTara)

4 cl Gin-Alternative
(unsere Wahl: Laori Juniper No. 01)

2 cl Zuckersirup

schwarzer Johannisbeersaft

ZUBEHÖR

Shaker
Barsieb

Glas

Highballglas

ZUBEREITUNG

1. Gebt alle Zutaten, bis auf den Saft, in einen Shaker.

2. Shaked kräftig für 10–15 Sekunden.

3. Füllt den Drink durch ein Barsieb in ein Highballglas ab und füllt es zu ¾ mit Crushed Ice auf.

4. Nun floatet das Glas langsam mit dem Saft.

TIPP

Ihr könnt hier auch auf andere Säfte umschwenken und den Geschmack ganz euren Vorlieben anpassen.

ALMOND EGGNOG

ZUTATEN

6 cl Amaretto-Alternative
(unsere Wahl: Lyre's Amaretti)

2 cl Gin-Alternative
(unsere Wahl: Laori Spice No. 02)

2 cl Zuckersirup

4 cl Sahne

200 ml Milch

1 Eigelb

ZUBEHÖR

Shaker

Barsieb

Deko

Mandelblättchen

Glas

Tumbler

ZUBEREITUNG

1. Gebt alle Zutaten in einen mit Eiswürfeln gefüllten Shaker.

2. Shaked kräftig für 20 Sekunden.

3. Füllt den Drink durch ein Barsieb in einen Tumbler ab.

4. Dekoriert die Oberfläche des Drinks mit ein paar Mandelblättchen.

TIPP

Ihr möchtet den Drink lieber ohne rohes Ei? Dann nehmt einfach 4 cl mehr Sahne und bereitet den Cocktail wie angegeben zu. Und für die vegane Variante könnt ihr auch eine vegane Sahnealternative verwenden.

BLACKBERRY EGGNOG

ZUTATEN

6 cl Gin-Alternative
(unsere Wahl: Boar)
4 cl Sahne
150 ml Milch
1 Eigelb
2 BL Brombeermarmelade
1 cl Zuckersirup
4 Brombeeren

ZUBEHÖR

Shaker
Barsieb

Deko
3 Brombeeren

Glas
Highballglas

ZUBEREITUNG

1. Gebt alle Zutaten, bis auf die Brombeeren, in einen mit Eiswürfeln gefüllten Shaker.

2. Shaked kräftig für 20 Sekunden.

3. Füllt den Drink durch ein Barsieb in ein mit Eis und Brombeeren gefülltes Highballglas ab.

4. Dekoriert das Glas mit einigen Brombeeren.

BOLERO

ZUTATEN

Zutaten

4 cl Amaretto-Alternative
(unsere Wahl: Lyre's Amaretti)

4 cl Maracujasaft

2 cl Orangensaft

4 cl Sahne

2 cl Erdbeersirup
(z.B. Monin)

ZUBEHÖR

Shaker

Barsieb

Glas

Tumbler

ZUBEREITUNG

1. Gebt alle Zutaten, bis auf den Sirup, in einen mit Eiswürfeln gefüllten Shaker.

2. Shaked kräftig für 20 Sekunden.

3. Füllt den Drink durch ein Barsieb in den Tumbler ab.

4. Floatet das Glas mit dem Erdbeersirup.

XOCOLATL

Woods ORIGINAL

ZUTATEN

6 cl Cranberrysaft
2 cl Apfelsaft
2 cl Hafermilch
2,5 cl Dulce de Leche
1 TL Kakaopulver

ZUBEHÖR

Shaker
Barsieb
feines Sieb

Deko

etwas Kakaopulver

Glas

Cocktailschale

ZUBEREITUNG

1. Gebt alle Zutaten in einen mit Eiswürfeln gefüllten Shaker.
2. Shaked kräftig für 20 Sekunden.
3. Füllt den Drink durch ein Barsieb in eine gekühlte Cocktailschale ab.
4. Siebt etwas Kakaopulver darüber.

ZIEGENPETER

Woods ORIGINAL

ZUTATEN

4 cl Wonderleaf
3 cl Apfelsaft
3 cl Zitronensaft
3 cl Ziegenfrischkäsesirup

ZUBEHÖR

Shaker
Barsieb

Glas

Tonbecher oder Highballglas

ZUBEREITUNG

1. Gebt alle Zutaten in einen mit Eiswürfeln gefüllten Shaker.

2. Shaked kräftig für 10–15 Sekunden.

3. Füllt den Drink durch ein Barsieb in einen Tonbecher ab.

TIPP

So bereitet ihr Ziegenfrischkäsesirup zu: Rührt 30 g Ziegenfrischkäse und 50 ml Wasser bei kleiner Hitze glatt. Fügt 100 g Zucker hinzu, kocht einmal richtig auf und nehmt den Topf vom Herd. Gebt 2 Zweige Thymian dazu und lasst es komplett auskühlen. Nach dem Abgießen durch ein Sieb lagert ihr den Sirup kalt und verbraucht ihn am besten in wenigen Tagen.

VIRGIN COLADA

Inspiriert durch die Pina Colada

ZUTATEN

4 cl Rum-Alternative (unsere Wahl: Siegfried Wonderoak)

8 cl Ananassaft (optional frische Ananas)

4 cl Creme de Coco (z.B. Coco Tara)

1 cl Limette (optional)

ZUBEHÖR

Shaker

Barsieb

Deko

gedörrte Ananasscheibe

Glas

Cocktailschale

ZUBEREITUNG

1. Gebt alle Zutaten in einen mit Eiswürfeln gefüllten Shaker.
2. Shaked kräftig für 20 Sekunden.
3. Füllt den Drink durch ein Barsieb in eine mit Eiswürfeln gefüllte Cocktailschale ab.
4. Dekoriert das Glas mit einer getrockneten Ananasscheibe.

Sauer

ALMOND SOUR

Inspiriert durch den Amaretto Sour

ZUTATEN

6 cl Amaretto-Alternative
(unsere Wahl: Lyre's Amaretti)

2 cl Zitronensaft

3 cl Orangensaft

1 cl Zuckersirup

ZUBEHÖR

Shaker

Barsieb

Zestenschneider

Deko

Orangenzeste

Glas

Tumbler

ZUBEREITUNG

1. Gebt alle Zutaten in einen mit Eiswürfeln gefüllten Shaker.

2. Shaked kräftig für 10–15 Sekunden.

3. Füllt den Drink durch ein Barsieb in einen mit Eis gefüllten Tumbler ab.

4. Drückt eine Orangenzeste über dem Drink aus und gebt sie dann als Deko ins Glas.

MALT SOUR

Inspiriert durch den Whisky Sour

ZUTATEN

8 cl Whiskey-Alternative
(unsere Wahl: Lyre's American Malt)

4 cl Zitronensaft

1cl Zuckersirup

ZUBEHÖR

Shaker

Barsieb

Zestenschneider

Deko

Zitronenzeste

Glas

Tumbler

ZUBEREITUNG

1. Gebt alle Zutaten in einen mit Eiswürfeln gefüllten Shaker.
2. Shaked kräftig für 10–15 Sekunden.
3. Füllt den Drink durch ein Barsieb in einen mit Eis gefüllten Tumbler ab.
4. Drückt eine Zitronenzeste über dem Drink aus und schneidet sie in der Mitte ein.
5. Steckt die Zitronenzeste als Deko ans Glas.

TIPP

Nutzt das Rezept gerne als Basisrezept und versucht es auch mal mit einer Gin- oder Rum-Alternative.

SAURER FIZZ

Inspiriert durch den Gin Fizz

ZUTATEN

5 cl Gin-Alternative
(unsere Wahl: Windspiel)

3 cl Zitronensaft

2 cl Zuckersirup

Soda

ZUBEHÖR

Rührglas

Barlöffel

Barsieb

Deko

½ Zitronenscheibe

Glas

Cocktailschale

ZUBEREITUNG

1. Gebt alle Zutaten, bis auf das Soda, in ein mit Eis gefülltes Rührglas und kühlt den Drink mit schnellen Kreisen runter.

2. Seiht den Drink durch ein Barsieb in eine gekühlte Cocktailschale ab.

3. Füllt den Drink mit Soda auf und dekoriert mit der Zitronenscheibe.

PURPLE ELDER

ZUTATEN

2 cl Holundersirup (z.B. von d'arbo)

2 cl Vermouth-Alternative (unsere Wahl: Conviv Rosso)

2 cl Apfelessig

2 cl Zuckersirup

Frucht-Secco (unsere Wahl: Van Nahmen – Apfel-Heidelbeere-Kirsche)

ZUBEHÖR

Rührglas

Barlöffel

Barsieb

Deko

Minzblatt

Glas

Tumbler

ZUBEREITUNG

1. Gebt alle Zutaten, bis auf Frucht-Secco, in ein mit Eis gefülltes Rührglas und kühlt den Drink mit schnellen Kreisen runter.

2. Füllt den Drink durch ein Barsieb in den Tumbler ab.

3. Füllt mit dem Frucht-Secco auf und dekoriert den Drink mit einem Minzblatt.

WILHELM TELL

Woods ORIGINAL

ZUTATEN

4 cl Gin-Alternative
(unsere Wahl: Siegried Wonderleaf)

2 cl Zitronensaft

2 cl Birnensaft

1 Prise Kurkuma

Spicy Ginger

ZUBEHÖR

Barlöffel

Glas

Silberbecher oder Highballglas

ZUBEREITUNG

1. Befüllt einen Silberbecher mit Eiswürfeln.
2. Gebt die Zutaten nacheinander in den Becher und rührt kurz durch.
3. Füllt den Drink mit Spicy Ginger auf.

WOODSTOCK

Woods ORIGINAL

ZUTATEN

4 cl Rum-Alternative (unsere Wahl: Laori Spice No. 02)

4 cl Ananassaft

3 cl Limettensaft

2 cl Mandelsirup (z.B. Monin)

1 Handvoll Minzblätter

8 cl karbonisiertes Kokoswasser

ZUBEHÖR

Barlöffel

Deko

gedörrte Ananasscheibe

Glas

Highballglas

ZUBEREITUNG

1. Befüllt ein Highballglas mit Eiswürfeln.

2. Gebt die Zutaten nacheinander in den Becher und rührt kurz durch.

3. Dekoriert das Glas mit einer gedörrten Ananasscheibe.

NO-GIN BASIL SMASH

ZUTATEN

1 Handvoll Basilikum

10 cl Gin-Alternative
(unsere Wahl: Siegfried Wonderleaf)

6 cl Zitronensaft

4 cl Zuckersirup

ZUBEHÖR

Shaker
Barstößel
Barsieb
feines Sieb

Deko

Basilikumblätter

Glas

Tumbler

ZUBEREITUNG

1. Gebt das Basilikum in den Shaker
und drückt sie kräftig mit dem Barstößel an.

2. Füllt mit Eiswürfeln auf
und gebt die übrigen Zutaten dazu.

3. Shaked kräftig
für 10–15 Sekunden.

4. Füllt den Drink gleichzeitig durch ein Barsieb und ein feines Sieb
in einen mit Eiswürfeln gefüllten Tumbler ab.

5. Dekoriert den Drink mit
1–2 Basilikumblättern.

Frisch

CALIMOCHO

ZUTATEN

10 cl alkoholfreier Rotwein (unsere Wahl: Noovi Cuvée Rot)

10 cl Cola

1 Spritzer Orangensaft

ZUBEHÖR

keines

Deko

getrocknete Orangenscheibe

Glas

Weinglas

ZUBEREITUNG

1. Gebt einige Eiswürfel in ein Weinglas.

2. Gießt den Rotwein und den Orangensaft hinzu.

3. Füllt den Drink mit Cola auf und dekoriert mit der Orangenscheibe.

TIPP

Für diesen Drink gibt es international so viele Namen, dass wir sie gar nicht alle aufführen können. Einige sind aber Cola Rot, Fetzi, Korea, Mussolini, Bambule, Kalte Muschi und, und, und ...

GRÜNE FELDER

Inspiriert durch die Grüne Witwe

ZUTATEN

4 cl Gin-Alternative (unsere Wahl: Easip Fields)

4 cl Orangensaft

2 cl Maracujasaft

1 Schuss Blue Curaçao ohne Alkohol (z.B. Monin)

ZUBEHÖR keines

Glas
Highballglas

ZUBEREITUNG

1. Füllt ein Highball-Glas mit Eiswürfeln.
2. Shaked kräftig für 10–15 Sekunden.
3. Gießt die Gin-Alternative und die Säfte hinein.
4. Gebt 1 Schuss Blue Curaçao darüber.

BLUE MOON

ZUTATEN

1 cl Limettensaft

2 cl Blue Curaçao ohne Alkohol (z.B. Monin)

Secco zum Auffüllen (unsere Wahl: Kolonne / Null – Riesling prickelnd)

ZUBEHÖR keines

Deko

Limettenscheibe

Glas

Cocktailschale

ZUBEREITUNG

1. Gebt etwas Eis in eine Cocktailschale.
2. Gebt den Limettensaft und Blue Curaçao darüber.
3. Füllt den Drink mit dem alkoholfreien Secco auf.
4. Dekoriert das Glas mit einer Limettenscheibe.

SPARKLING ORANGE

Inspiriert durch den Aperol Spritz

ZUTATEN

1 Orangenscheibe, in Vierteln

1 Spritzer Orangensaft

100 ml alkoholfreier Weißwein

4 cl Italian-Bitter-Alternative
(unsere Wahl: Lyre's Italian Spritz)

50 ml Mineralwasser

2–3 Minzblätter

ZUBEHÖR

Shaker

Barstößel

Barsieb

Glas

Weinglas

ZUBEREITUNG

1. Befüllt ein Weinglas mit einigen Eiswürfeln.

2. Gebt die Orangenscheiben, 1 Spritzer Orangensaft, den alkoholfreien Wein, die Vermouth-Alternative und den Sirup hinein und rührt um.

3. Füllt den Drink mit dem Mineralwasser auf.

4. Drückt die Minzblätter kurz zwischen Daumen und Zeigefinger und setzt sie auf den Drink.

TIPP

Anstelle der Italian-Bitter-Alternative könnt ihr auch 1 cl rote Vermouth-Alternative mit 2 cl Bittersirup verwenden.

PLUMMY GINGER-BOWLE

ZUTATEN FÜR 6–8 DRINKS

700 ml alkoholfreier Weißwein

8 cl Whiskey-Alternative
(unsere Wahl: Lyre's American Malt)

2 cl Zitronensaft

2 Pflaumen

4 cl Zuckersirup

6 cl Vermouth-Alternative
(unsere Wahl: Martini Floreale)

700 ml Ginger Ale

ZUBEHÖR

großes Gefäß

Kelle

Glas

Wasserglas oder
Bowleglas

ZUBEREITUNG

1. Gebt alle Zutaten, bis auf das Ginger Ale, in ein großes Gefäß.

2. Lasst sie 1–2 Stunden im Kühlschrank abgedeckt ziehen und stellt ebenfalls das Ale kalt.

3. Gießt nun das Ginger Ale ebenfalls in das Gefäß.

4. Füllt die Bowle mit einer Kelle in mit Eiswürfeln befüllte Gläser.

HOT LARRY

Inspiriert durch den Red Snapper

ZUTATEN

6 cl Gin-Alternative
(unsere Wahl: Easip Fields)
10 cl Tomatensaft
2 cl Zitronensaft
3 Dashes Worcestershire Sauce
1–2 Tropfen Chilisauce
1 BL Aceto balsamico
frisch gemahlener Pfeffer

ZUBEHÖR

Shaker
Barsieb
langer Holzspieß

Deko

Gurkenscheibe

Glas

Highballglas

ZUBEREITUNG

1. Gebt alle Zutaten in einen mit Eiswürfeln gefüllten Shaker.
2. Shaked kräftig für 10–15 Sekunden.
3. Füllt den Drink durch ein Barsieb in das Highballglas ab.
4. Ein wenig frischen Pfeffer daraufmahlen.
5. Eine der Länge nach mit dem Sparschäler abgeschnittene Gurkenscheibe wellenförmig auf einen langen Spieß stecken und als Deko verwenden.

NO-GIN TONIC

Inspiriert durch den Gin Tonic

ZUTATEN

4 cl Gin-Alternative (unsere Wahl: Windspiel)

1 cl Holunderblütensirup

Herbal Tonic Water (z.B. Windspiel)

ZUBEHÖR keines

Deko

1 Zweig Rosmarin

Zitronenzeste

Glas

Highballglas

ZUBEREITUNG

1. Füllt das Highballglas mit Eiswürfeln.

2. Gießt die Gin-Alternative und den Sirup darüber.

3. Füllt den Drink mit Herbal Tonic Water auf und gebt den Rosmarinzweig und die Zitronenzeste dazu.

TIPP

Um geschmacklich mehr Abwechslung reinzubringen, testet euch durch unterschiedliche Tonic Water. Ihr werdet überrascht sein, wie viel verschiedene Aromen da ins Spiel kommen.

VIOLET LEMONADE

ZUTATEN

4 cl Gin-Alternative
(unsere Wahl: Momotaro Ginzero)

3 cl Veilchensirup
(z.B. Monin)

1 cl Zitronensaft

1 Spritzer Bittersirup
(z.B. Monin)

Soda

ZUBEHÖR

Rührglas

Barlöffel

Barsieb

Zestenschneider

Deko

Zitronenzeste

Glas

Tumbler oder
Highballglas

ZUBEREITUNG

1. Gebt alle Zutaten, bis auf das Soda, in ein mit Eis gefülltes Rührglas und kühlt den Drink mit schnellen Kreisen runter.

2. Füllt den Drink durch ein Barsieb in den Tumbler ab und füllt mit Soda auf.

3. Drückt die Zitronenzeste über dem Glas aus und legt sie als Deko ins Glas.

PETER LUSTIG

Woods ORIGINAL

ZUTATEN

4 cl weißer Traubensaft
5 cl Verjus
1,5 cl Löwenzahnsirup
5 Drops Rosenblütenwasser
1 Prise Salz
2 cl Soda

ZUBEHÖR

Rührglas
Barlöffel
Barsieb

Glas

Cocktailschale

ZUBEREITUNG

1. Gebt alle Zutaten in ein mit Eis gefülltes Rührglas und kühlt den Drink mit schnellen Kreisen runter.

2. Füllt den Drink durch ein Barsieb in eine gekühlte Cocktailschale ab.

TIPP

Den Löwenzahnsirup könnt ihr aus Löwenzahntee herstellen. Schaut dafür im Basis-Rezept in der Einleitung.

SPICY MULE

Inspiriert durch den Moscow Mule

ZUTATEN

4 cl Gin-Alternative
(unsere Wahl: Siegfried Wonderleaf)

2 cl Limettensaft

10 cl Spicy Ginger

4–6 Limettenstücke
(in Viertel geschnittene Scheiben)

ZUBEHÖR

Barlöffel

Deko

Minzblätter

Glas

Kupferbecher

ZUBEREITUNG

1. Befüllt einen Kupferbecher mit Eiswürfeln.

2. Gebt die Zutaten nacheinander in den Becher und rührt kurz durch.

3. Dekoriert den Drink mit Minzblättern.

TIPP

Der Moscow Mule wird mit Wodka zubereitet. Aktuell haben wir noch keine überzeugende alkoholfreie Alternative gefunden, denn Wodka hat an sich in der Tat kaum Geschmack. Haltet die Augen offen und probiert den Drink auch gerne mal mit Wodka-Alternativen.

Herb

EARL TINI

Inspiriert durch den Martini

ZUTATEN

1 Teebeutel Earl Grey

10 cl Gin-Alternative
(unsere Wahl: Sigfried Wonderleaf)

1 Spritzer Zitronensaft

ZUBEHÖR

Teebeutel

Deko

Zitrone

Zucker

Glas

Tumbler

ZUBEREITUNG

1. Lasst den Teebeutel in einem Glas für 10 Minuten in der Gin-Alternative ziehen.

2. Mit etwas Zitrone bestreicht ihr den Rand eines Tumblers und taucht ihn in etwas Zucker, sodass ein Zuckerrand entsteht.

3. Gebt einige Eiswürfel in das Glas und füllt die Tee-Mischung hinein.

4. Fügt 1 Spritzer Zitronensaft hinzu und dekoriert mit einem Zitronenviertel.

HIGHMOUNTAIN COFFEE

Inspiriert durch den Pharisäer

ZUTATEN

8 cl kalter Espresso

4 cl Rum-Alternative
(unsere Wahl: Laori Spice No. 02)

1 BL Mandelsirup

1 BL brauner Zucker

2–3 Löffel Sahne

ZUBEHÖR

Rührglas

Barlöffel

Barsieb

Schneebesen

kleine Schüssel

Glas

Cappuccino-Glas

ZUBEREITUNG

1. Verrührt den Espresso, die Rum-Alternative, den Mandelsirup und den braunen Zucker in einem mit Eis gefüllten Rührglas und kühlt den Drink so mit schnellen Kreisen runter.

2. Schlagt die Sahne in einer Schüssel leicht auf.

3. Füllt den Drink durch ein Barsieb in ein Glas und gebt etwas geschlagene Sahne darauf.

TIPP

Diesen Drink könnt ihr auch warm genießen. Dazu das Eis im Rührglas weglassen und mit heißem Espresso zubereiten.

SMOKY RED

(enthält minimale Mengen Alkohol)

ZUTATEN

4 cl Cranberrysaft

4 cl Rum-Alternative
(unsere Wahl: Laori Spice No. 02)

1 cl Bitter-Alternative
(unsere Wahl: Dr. Jaglas – Herber Hibiskus)

1 cl Thymiansirup

1 Dash Angostura

ZUBEHÖR

Rührglas

Barlöffel

Barsieb

Räucherpistole

Glas

Tumbler

ZUBEREITUNG

1. Verrührt alle Zutaten in einem mit Eis gefüllten Rührglas und kühlt den Drink so mit schnellen Kreisen runter.

2. Füllt den Drink durch ein Barsieb in einen mit Eis gefüllten Tumbler.

3. Befüllt das Glas mit Rauch aus einer Räucherpistole (Kirschholz).

TIPP

Alternativ könnt ihr anstelle des Rauchs 1 Tropfen Flüssigrauch zu den Zutaten geben.

COFFEE COOLER

Inspiriert durch den Espresso Martini

ZUTATEN

6 cl Rum-Alternative
(unsere Wahl: Undone No.01)

4 cl Espresso

1 cl Amaretto-Alternative
(unsere Wahl: Lyre's Amaretti)

1 Dash Lakritz-Anis-Sirup
(z.B. von Antésite)

ZUBEHÖR

Shaker

Barsieb

Deko

Zuckersirup

brauner Zucker

Glas

Cocktailschale

ZUBEREITUNG

1. Bestreicht den Rand einer Cocktailschale mit etwas Zuckersirup und taucht es in ein wenig braunen Zucker, sodass ein Zuckerrand entsteht.

2. Gebt alle Zutaten in einen mit Eiswürfeln gefüllten Shaker.

3. Shaked kräftig für 10–15 Sekunden.

4. Füllt den Drink durch ein Barsieb in die Cocktailschale ab.

DARK ORANGE SHANDY

ZUTATEN

4 cl Grapefruitsaft
2 cl Soda
2 cl Bitter-Alternative (unsere Wahl: Undone No 7)
2 cl Lemon Cordial
250 ml alkoholfreies Bier
1 Zweig Thymian
1 Orangenscheibe, in Viertel geschnitten

ZUBEHÖR

Rührglas
Barlöffel
Barsieb

Deko

Thymianzweig

Glas

Bierglas

ZUBEREITUNG

1. Füllt den Grapefruitsaft, das Soda, die Bitter-Alternative und den Lemon Cordial in ein mit Eis gefülltes Rührglas.

2. Zupft die Thymianblätter vom Zweig und gebt sie hinzu.

3. Rührt mit einem Barlöffel gründlich durch.

4. In ein mit Eiswürfeln und den Orangenvierteln gefülltes Bierglas seiht ihr nun den Drink ab.

5. Füllt dann das Glas mit dem alkoholfreien Bier auf und dekoriert mit einem Thymianzweig.

TIPP

Alkoholfreie dunkle Biere nutzen für die Farbe gerne Kaffee. Solche Bier-Alternativen passen auch ganz wunderbar zu diesem Rezept.

COLDBREW TONIC

ZUTATEN

6 cl Coldbrew

2 cl Gin-Alternative (unsere Wahl: Windspiel)

200 ml Tonic Water

ZUBEHÖR keines

Glas
Highballglas

ZUBEREITUNG

1. Befüllt ein Highballglas zu zwei Dritteln mit Eis.

2. Gießt Coldbrew und die Gin-Alternative darüber.

3. Füllt das Glas mit Tonic Water auf.

TIPP

Wenn ihr kein Zubehör zur Zubereitung von Coldbrew habt, dann könnt ihr ihn so zubereiten. 100 g gemahlenen Kaffee in 1 l Wasser geben und mindestens 12 Stunden im Kühlschrank ziehen lassen. Durch einen Kaffeefilter geben und fertig ist euer Coldbrew.

COFFEE COLOGNE

Inspiriert durch den Irish Coffee

ZUTATEN

4 cl Rum-Alternative
(unsere Wahl: Siegfried Wonderoak)

4 cl starker Kaffee

2 cl Sahne

2 cl Zuckersirup

ZUBEHÖR

Shaker

Barsieb

Glas

Tumbler

ZUBEREITUNG

1. Gebt alle Zutaten in einen mit Eiswürfeln gefüllten Shaker.

2. Shaked kräftig für 20 Sekunden.

3. Füllt den Drink durch ein Barsieb in einen mit Eiswürfeln gefüllten Tumbler ab.

TIPP

Anstelle normaler Eiswürfel haben wir für den noch kräftigeren Geschmack Eiswürfel aus Kaffee hergestellt und darauf den Drink serviert.

Barfood

BLÄTTERTEIGSCHNECKEN

ZUTATEN

1 Rolle Blätterteig (aus dem Kühlregal)
100 g weiche Kräuterbutter
100 g Cheddar gerieben
2 TL Salz

ZUBEREITUNG

1. Nehmt den Blätterteig ungefähr 10 Minuten vor der Verwendung aus dem Kühlschrank. Rollt ihn aus und legt ihn auf ein mit Backpapier ausgelegtes Backblech.

2. Streicht mit einem Messer die Kräuterbutter gleichmäßig auf den Teig, streut den Cheddar und das Salz darüber und rollt ihn je von beiden Längsseiten in die Mitte, so dass eine Doppelrolle entsteht.

3. Heizt euren Backofen auf 220 °C vor, schneidet die Doppelrolle in 16 gleich große Schnecken und backt sie auf der Schnittseite für ca. 12 Minuten goldbraun.

KRÄUTER-NÜSSE

ZUTATEN

2 TL Rosmarin

2 TL Thymian

6 TL Salz

5 Tropfen Flüssigrauch (alternativ das Salz durch Rauchsalz ersetzen)

1 Eiweiß

3 EL Pflanzenöl

150 g Mandeln

100 g Kürbiskerne

450 g Nusskerne (Cashew, Pecan, Walnuss)

ZUBEREITUNG

1. Heizt zunächst euren Backofen auf 200 °C (Ober-/Unterhitze) vor.

2. Vermischt währenddessen in einer Schüssel gründlich alle Zutaten und verteilt sie auf einem mit Backpapier ausgelegtem Backblech.

3. Backt nun die Kräuter-Nüsse für 3 × 5 Minuten. Vermengt die Nüsse alle 5 Minuten, sodass alle einmal oben liegen und lasst sie nach der Backzeit auskühlen.

COCKTAIL-OLIVEN

ZUTATEN

500 g Oliven
je 2 TL Kreuzkümmel und Fenchelsaat
8 Zimtblüten
2 getrocknete Chilis
½ Orange (der Abrieb davon und 2 geviertelte Scheiben)
½ Zitrone (der Abrieb davon und 2 geviertelte Scheiben)
½ rote Zwiebel, fein gewürfelt
1 Knoblauchzehe, gerieben
100 ml hochwertiges Olivenöl
1 EL fein gehackte frische Petersilie

ZUBEREITUNG

1. Lasst die Oliven abtropfen.

2. Röstet den Kreuzkümmel und die Fenchelsaat unter gelegentlichem Rühren in einer Pfanne, bis sie aufspringen und duften.

3. Mörsert dann Kreuzkümmel, Fenchelsaat, die Zimtblüten und die Chilis in einem Mörser oder mahlt sie in einer Gewürzmühle.

4. Gebt die Oliven in eine Schüssel und fügt alle weiteren Zutaten hinzu.

5. Alles gut durchmengen und mehrere Stunden marinieren, besser noch über Nacht ziehen lassen.

MINI-BURGER

ZUTATEN

Für die Buns

125 g Weizenmehl Type 550
2 g Trockenhefe
7 g Zucker
4 g Salz
60 ml lauwarme Milch
20 g Butter geschmolzen
1 Eigelb
2 EL Wasser
2 EL Milch
Leinsamen oder Sesamsaat

Für die Patties

160 g Rinderhackfleisch
Salz und frisch gemahlener schwarzer Pfeffer
4 TL Mayonnaise
4 Salatblätter
4 Tomatenscheiben
1 Käsescheibe geviertelt
4 TL Ketchup

ZUBEREITUNG BUNS

1. Vermischt in einer Schüssel das Mehl mit der Trockenhefe, Zucker und Salz. Gebt nun alle übrigen Zutaten hinzu und knetet für ca. 10 Minuten alles zu einem glatten Teig.

2. Lasst den Teig an einem warmen Ort, mit einem sauberen Küchentuch abgedeckt, für 1 Stunde gehen.

3. Teilt dann den Teig nun in 4 gleich große Teile auf. Legt je 1 Stück unter die hohle Handfläche auf die nur leicht bemehlte Arbeitsfläche und »wirkt« den Teig durch Rundbewegungen der Hand zu einer Kugel.

TIPP

Das Wirken bzw. Formen des Teigrohlings hat zur Folge, dass ihr unter anderem eine gleichmäßige Teigspannung, mehr Volumen und eine glatte Oberfläche bekommt.

4. Gebt die Kugeln auf ein mit Backpapier ausgelegtes Backblech. Erneut abgedeckt für 45 Minuten an einem warmen Ort gehen lassen.

5. Heizt den Backofen auf 200 °C Ober-/Unterhitze vor.

6. Vermischt in einem Glas Wasser und Milch, bestreicht die Oberfläche der Teiglinge damit und streut sofort Leinsamen oder Sesam darüber.

7. Backt die Buns für 14–16 Minuten goldbraun. Lasst die fertigen Buns auf einem Kuchengitter auskühlen.

ZUBEREITUNG PATTIES

1. Würzt das Hackfleisch mit Salz und Pfeffer. Formt aus dem Hackfleisch 4 Burgerpatties, die etwas größer als die Buns sind.

2. Bratet sie in einer heißen Pfanne mit etwas Fett von beiden Seiten so an, dass sie für euch den richtigen Gargrad haben.

3. Schneidet die ausgekühlten Buns auf, bestreicht sie mit Mayonnaise und legt das Salatblatt und die Tomatenscheibe darauf.

4. Setzt nun das heiße Patty und sofort eine kleine Scheibe Käse darauf. Verstreicht etwas Ketchup auf dem Deckel des Buns und setzt ihn auf den Käse.

TRAMEZZINI
MIT MARTINI FLORALE UND PARMASCHINKEN

ZUTATEN
Scheiben Trammezini
300 g Ziegenfrischkäse
6 TL Martini Florale
Pfeffer
8 Scheiben Parmaschinken

ZUBEREITUNG

1. Toastet die beiden langen Trammezzini Scheiben goldbraun und schneidet sie in insgesamt 16 gleich große Quadrate.

2. Verrührt in einer Schüssel den Ziegenfrischkäse mit dem Martini Florale und etwas frisch gemahlenem Pfeffer.

3. Gebt je 1 TL der Creme auf das Toaststück und drapiert je ½ Scheibe Parmaschinken darauf.

PASTA CHIPS

ZUTATEN

250 g Farfalle
2 TL hoch erhitzbares Pflanzenöl
½ TL scharfer Paprika
1 TL edelsüßer Paprika
1 TL Oregano
½ TL Salz
1 EL geriebener Parmesankäse

ZUBEREITUNG

1. Bringt einen großen Topf gesalzenes Wasser zum Kochen und kocht die Farfalle darin nach Packungsanleitung al dente.

2. Vermischt in der Zwischenzeit in einer Schüssel die übrigen Zutaten und benetzt die garen Ravioli in der Schüssel gleichmäßig mit der Würzmischung.

3. Heizt die Heißluftfritteuse oder den Heißluftofen auf 200 °C vor. Gebt die Farfalle hinein. Backt sie darin für 12–15 Minuten, bis sie knusprig und goldbraun sind.

ZWIEBEL-TARTELETTES

ZUTATEN

Für den Teig

150 g Weizenmehl Type 405

75 g Meersalzbutter

1 Ei L

frisch gemahlener weißer Pfeffer

Für die Creme

70 g Ziegenfrischkäse

30 g Schmand

1 Eigelb

¼ TL Salz

frisch gemahlener weißer Pfeffer

Für die Zwiebeln

etwas Olivenöl

5 kleine Schalotten halbiert und in Streifen geschnitten

1 EL Honig

2 Zweige Rosmarin

4 EL Aceto balsamico

ZUBEREITUNG

1. Gebt alle Zutaten für den Teig in eine Rührschüssel und knetet sie gründlich durch, bis ein glatter Teig entsteht. Wickelt ihn in ein Tuch ein und stellt ihn für 1 Stunde kalt.

2. Vermengt alle Zutaten für die Creme in einer kleinen Schüssel und stellt sie ebenfalls kalt.

3. Erhitzt in einer Pfanne oder einem Topf etwas Olivenöl auf mittlere Hitze, bratet die halben Zwiebelringe mit dem Rosmarin unter Rühren kurz an und gebt Honig und Balsamico dazu. Karamellisiert etwa 3 Minuten und nehmt die noch bissfesten Zwiebeln vom Herd und stellt sie zur Seite.

4. Heizt euren Ofen mit einem Kuchengitter auf 200 °C Ober-/Unterhitze vor und fettet euer Muffinblech ein. Bemehlt eure Arbeitsfläche und rollt den Teig auf 0,5–1 cm aus und stecht 12 runde Stücke aus. Wir haben ein Glas von 6,5 cm Durchmesser vewendet.

5. Legt die runden Tartelettes in die Mulde des Muffinblechs und drückt den Rand leicht an. Streicht einen guten Teelöffel der Creme darauf und gebt von den Zwiebeln darüber. Backt nun für ca. 14 Minuten und nehmt sie dann aus dem Ofen und dem Blech.

HALLOUMI-FRITTEN

ZUTATEN

250 g Halloumi

1 Ei

100 g Semola Weichweizengrieß

Fett zum Frittieren
(bei einem kleinen Topf ca. 700 ml)

5 TL Joghurt

2 TL Hummus

1 TL Honig

ZUBEREITUNG

1. Erhitzt in einem Topf reichlich Fett auf etwa 180 °C (Frittierhitze). Sobald der Stiel eines Holzlöffels darin Bläschen wirft, ist die Hitze perfekt.

2. Heizt zusätzlich euren Backofen mit einem mit Backpapier ausgelegten Backblech auf 100 °C vor.

3. Schneidet den Halloumi in längliche Stücke, ähnlich wie Pommes.

4. Verquirlt in einem tiefen Teller das Ei auf und stellt in einem weiteren Teller den Weichweizengrieß bereit. Paniert die Halloumi Fritten nun mit dem Ei und danach mit Semola.

5. Frittiert nun die Pommes für 2–3 Minuten, bis sie goldbraun sind und legt sie auf Küchenkrepp ab. Gebt sie dann zum Warmhalten in den Ofen.

6. Verrührt in einer kleinen Schüssel den Joghurt, das Hummus und den Honig und reicht dies als Dip zu den Fritten.

Dank

Für die freundliche Unterstützung unseres Buchprojekts geht ein herzliches Dankeschön an folgende Unternehmen, deren Produkte wir gerne empfehlen:

BERLINER BRANDSTIFTER

»Der Brandstifter Alkoholfrei ist die alkoholfreie Alternative zu Gin. Ähnlich wie sein hochprozentiges Pendant zeichnet er sich durch seine ausbalancierte Wacholder- und Blütennote aus. Feinste Aromen von Holunder, Hagebutte, Waldmeister, Gurke und Birke verleihen ihm eine besonders angenehme Frische.«

Berliner Brandstifter GmbH
Mauerstraße 80
10117 Berlin
post@BerlinerBrandstifter.com
www.berlinerbrandstifter.com

conviv MILANO

»Conviv was born from the passion for the high quality of Italian products and the enthusiasm for moments of sharing.«

Conviv S.r.l.
Viale Lombardia 16/N
20081 Cassinetta di Lugagnano (MI)
Italia
info@conviv.it
www.en.conviv.it

apothecary DR. JAGLAS CHARACTER – TRADITION

»Die Apothekerfamile Jagla nutzt seit Jahrzehnten mittelalterliche Klosterrezepturen und althergebrachte Kräuterkunde zur Entwicklung und Manufaktur von drei hochprozentigen Kräuterbittern (Artischocken-, Ginseng-, Maca-Elixier) sowie einem saisonalen Gewürzlikör mit Glühweinkräutern, einem zuckerfreien Ginseng Gin und einem alkoholfreien Hibiskus Aperitif. Aus erlesenen Bitterkäutern, feinen Gewürzen und ätherischen Ölen mazerieren die Apothker – noch heute per Hand – sorgsam gereifte Kräuter-Spezialitäten. Der alkoholfreie Hibiskus Aperitif unterstreicht den Spirit einer neuen Aperitif Kultur und lädt ein zu einem besonderen Lebensgefühl. Die herbe Süße der Hibiskusblüten wird durch Rosmarin, Bitterorange, Holunderbeeren und Vanille abgepuffert. Der Abgang ist dezent rauchig und endet mit einer feinen Whiskynote. Herber Hibiskus wird als Basis von Long Drinks mit einer ausgepressten Limette genossen. Durch die Blütenblätter erhalten die Drinks eine natürlich rote Färbung weshalb sich Beeren oder Rosmarin hervorragend als Garnitur eignen. «

Dr. Jaglas GmbH
Choriner Straße 40
D-10435 Berlin
info@dr-jaglas.de
www.dr-jaglas.de

EASIP

»Inspiriert vom alten Destillationshandwer und dem kreativen Berliner Zeitgeist, bringen wir den Geschmack feinster Botanicals durch schonende Dampfdestillation in die Flasche – einfach alkoholfrei. Altbekannte Kräuter, die in regionalen Feldern und Wäldern ihr zu Hause haben, bilden die Geschmacksbasis unserer Destillate. Zusammen mit ausgewählten Pflanzen aus der Ferne verleihen sie unseren Getränken einen komplexen und ausgewogenen Charakter. Unsere alkoholfreien Destillate bilden die Basis alkoholfreier Cocktails und Longdrinks. Genieße Easip einfach mit einem Tonic, mit einem Ginger Ale oder lasse Deiner Kreativität freien Lauf.«

Easip Drinks UG
Mollstraße 32
10249 Berlin
cheers@easipdrinks.com
www.easipdrinks.com

HEIMAT
DISTILLERS

»Riecht wie Gin, und lässt sich auch genauso in Cocktails und Longdrinks verwenden: Unser Heimat Vogelfrei bietet die alkoholfreie Alternative zum klassischen Gin, ohne auf den wesentlichen Charakter der beliebten Spirituose zu verzichten. Denn wir verarbeiten für unseren Vogelfrei hochwertige Destillate, die auf den Botanicals eines klassischen Gins basieren. Insbesondere der mit Wasserdampf destillierte Wacholder und Lavendel verleihen ihm dabei das besondere Etwas. Seinen intensiven und natürlichen Geschmack gewinnen wir aus der frischen Zitronenverbene, Thymian und Wiesensalbei. Dadurch eignet er sich hervorragend als Grundlage für alkoholfreie Cocktails und Longdrinks. Der volle Heimat Genuss, ganz ohne Umdrehungen.«

Heimat Distillers
Leintalstraße 32/2
74193 Schwaigern
info@heimat-distillers.de
www.heimat-distillers.de

Kolonne Null

»Die gemeinsame Begeisterung für Wein und Genuss, die Verwunderung über einen Mangel an hochqualitativen, alkoholfreien Essensbegleitern und der Wunsch ein Produkt zu kreieren, das zu einem bewussten, aber anspruchs- und stilvollen Lebensstil passt, legte 2018 den Grundstein für Kolonne Null. Was Kolonne Null so besonders macht, ist, dass es uns darum geht die Charakteristik der Anbauregion, der Traube und der Winzer*innen in die Flasche zu bringen und wir so zu jedem Wein transparent dessen Geschichte erzählen können. Eng verknüpft mit dem höchstem Anspruch an Qualität und Perfektion an das Produkt und an uns selbst.«

Kolonne Null GmbH
Crellestr. 12
10827 Berlin
info@kolonnenull.com
www.kolonnenull.com

König & Krieger

»Das Team, das für die Einführung der Marke König & Krieger verantwortlich ist, sammelt bereits seit März 2017 Erfahrungen im Markt der alkoholfreien Weine und Mousseux in Deutschland. Als Importeur für den Marktführer Frankreichs Pierre Chavin ist man seit dieser Zeit in Deutschland tätig. Das Team hat in dieser Zeit die enormen Potenziale dieses Marktes erkannt und sich kontinuierlich mit der Schaffung einer eigenen Marke beschäftigt. Dabei stand von Anfang an fest, dass es als deutsche Marke mit deutschen Partnern umgesetzt werden sollte.«

König & Krieger
Zimmersmühlenweg 11
61440 Oberursel
kontakt@koenig-und-krieger.de
www.koenig-und-krieger.de

LAØRI
ALCOHOL-FREE

»Wir von Laori sind Genussmenschen, lieben gute Drinks und Geselligkeit. 2019 haben wir aus unserem eigenen Bedürfnis heraus Laori gegründet. Unser Ziel: alkoholfrei in geil zu machen und leckere Drinks für Erwachsene zu schaffen, ohne den Kater am nächsten Tag. Wir schaffen mit Laori ein gleichwertiges Geschmackserlebnis zu alkoholischen Getränken, die einfach nur lecker sind. Wir entwickeln unsere Produkte selbst und gemeinsam mit unseren Kunden. Dadurch stellen wir unsere hohen Ansprüche an Genuss, Qualität und Natürlichkeit an uns und unserer Community sicher.«

Beyond Drinks GmbH
Chausseestraße 103
10115 Berlin
hallo@laoridrinks.com
www.laoridrinks.com

Partner

MARTINI

»Seit 1863 bringt Martini die Menschen durch die wundervolle italienische Institution des Aperitivo zusammen. Mit Rezepten, die über Generationen von Master-Blender zu Master-Blender weitergegeben wurden, definiert Martini die Wahrnehmung alkoholfreier Getränke mit seinem Sortiment komplett neu. Erlebe eine erstaunliche Auswahl, ganz ohne Abstriche beim Geschmackserlebnis. Auch wenn du auf Alkohol verzichten möchtest, erwarten dich bei uns faszinierend komplexe Geschmacksnoten.«

Bacardi GmbH
Hindenburgstraße 49
22297 Hamburg
info-deutschland@bacardi.com
www.martini.com

Mein Weinhandel
Zimmersmühlenweg 11
61440 Oberursel
E-Mail: info@mein-weinhandel.de
www.mein-weinhandel.de

MOMOTARŌ

»Momotaro – ist die japanische Sage eines mutigen, jungen Mannes, der mit seinen tierischen Gefährten die Welt vor dem Bösen bewahrte. Seinen Namen verdankt Momotaro seiner Herkunft. Denn er war das Wunder eines kinderlosen Paares, das eines Tages im Fluss einen wunderschönen Pfirsich treiben sah. Die Frau zögerte nicht lange, fischte den Pfirsich aus dem Wasser, und als sie ihn mit ihrem Mann teilen wollte, entsprang daraus ihr Wunschkind. Ihnen wurde ein Sohn geschenkt, den sie liebten und lehrten welche Kraft die Liebe besitzt. Momotaro – der Pfirsichjunge.«

Destille Kaltenthaler GmbH
Momotaro Spirits
An der Brennerei 14
67593 Westhofen
info@momotaro-opt.test-it.eu
www.momotaro-spirits.de

nüchtern.

ū. ū

nüchtern.berlin ist der Onlineshop für Alkoholfrei. Gegründet in 2021 beantworten wir die Frage »Was trinke ich, wenn ich nicht trinke?«.Das Sortiment mit über 200 Getränkealternativen reicht von alkoholfreien Gin, über Whiskey, Rum, Aperitifs über alkoholfreien Weiß-, Rot- und Schaumwein bis hin zu ausgewähltes Bieren. Offline gibt es das ganze Sortiment in Berlin Kreuzberg -seit Februar 2021 als erster alkoholfreier Späti Deutschlands – frei nach dem Motto Berlin ist dicht. Wir nicht. Wer sich beraten lassen will, kommt vorbei, ruft an oder schreibt einen Liebesbrief.

Null Prozent Späti
Solmsstraße 30
10961 Berlin – im Bergmannkiez
www.nuechtern.berlin
Öffnungszeiten: Mittwoch–Samstag 12:00–20:00 Uhr

SIEGFRIED

»Den Geschmack einer alkoholischen Spirituose kann man nicht imitieren und sollte das -unserer Meinung nach- auch gar nicht erst versuchen. Das Besondere an Siegfried Gin ist ja nicht der Alkohol an sich, sondern die Aromenvielfalt und deren Balance. Genau diese haben wir in eine alkoholfreie Alternative übertragen.«

Rheinland Distillers GmbH
Mozartstraße 24
53115 Bonn
info@hellosiegfried.com
www.hellosiegfried.com

UNDONE

»Undone widmet sich seit Gründung im Jahr 2019 dem Ziel, jedes fünfte alkoholische Getränk vom Alkohol zu befreien und den weltweiten Alkoholkonsum maßgeblich zu senken. Mit unserer Alternative zu Spirituosen und Aperitifs möchten wir den Lebensstil für eine sozialere und gesündere Trinkkultur fördern, ohne auf den Geschmack leckerer Drinks zu verzichten. Und wie machen wir das? Mit einem vielseitigen, nicht-alkoholischen Bar-Angebot, dessen Sortiment wir ständig erweitern. Wir arbeiten laufend an neuen Alternativen für unser Sortiment. Du kannst Dich also darauf gefasst machen, noch viele weitere Produkte von uns zu schmecken zu bekommen!«

UNDONE GmbH
Stresemannstraße 42
22769 Hamburg
hello@itsundone.com
www.itsundone.com

VAN NAHMEN

Privatkelterei seit 1917

»Unser Frucht-Secco ist ein spritziger Aperitif ganz ohne Alkohol. Ein feinperliges Geschmackserlebnis für den besonderen Anlass. Egal ob zu Weihnachten, Silvester, Hochzeiten oder Geburtstagen, unsere Frucht-Seccos sind die ideale alkoholfreie Alternative zum Anstoßen.Unsere Frucht-Seccos werden jahrgangsweise aus ausgewählten Obstsorten komponiert und garantieren so ein fruchtiges Geschmackserlebnis für jeden Anlass. Sie sind leicht, erfrischend und fruchtig im Geschmack. Das Sortiment unserer alkoholfreien Seccos bilden ein fein-fruchtiger Trauben-Secco, eine leicht herbe Apfel-Quitte-Cuvée, eine dezent süß und dabei trockene Apfel-Heidelbeere-Kirsche-Melange sowie ein zartrosa schimmernder Apfel-Rote Johannisbeere-Himbeere Secco.«

Obstkelterei van Nahmen GmbH & Co. KG
Diersfordter Straße 27
46499 Hamminkeln
shop@vanNahmen.de
www.vanNahmen.de

WINDSPIEL

»Der Windspiel Alkoholfrei wird seinem Namen gerecht. Er ist als ein alkoholfreies Destillat klassifizierbar und weckt damit die Neugier. Normalerweise assoziieren wir Destillate oder Spirituosen nämlich mit einem (eher niedrigen oder hohen) Alkoholgehalt. Nicht so bei diesem innovativen Neuankömmling! Deshalb sollte das Produkt nicht als Gin betrachtet oder direkt damit verglichen werden. Am besten behandelt man alkoholfreie Destillate als Klasse für sich, denn sie werden auf besondere Weise hergestellt. Lassen Sie sich daher auf dieses Experiment ein, ohne dabei die bisherigen Erfahrungen mit Gin im Hinterkopf zu behalten. Das alkoholfreie Destillat von Windspiel ist aufgrund seiner Haupteigenschaft genau das Richtige für all diejenigen, die aus einem bestimmten Grund keinen Alkohol trinken wollen oder sollten.«

Windspiel Manufaktur GmbH
Maria-Hilf-Straße 6
54550 Daun
info@windspiel-manufaktur.com
www.gin-windspiel.de

ZWIESEL
GLAS

Register

Dank der Autoren

Als Erstes möchten wir unserem Verlag dafür danken, dass wir wieder eine so spannende Buchidee gemeinsam umsetzen durften. Wer uns kennt, weiß, dass wir gute Spirituosen sehr gerne mögen, aber sich mit einem neuen Thema zu beschäftigen und sich da auszuprobieren, macht uns immer riesigen Spaß. Danke daher auch Sonya für dein Vertrauen in unsere Arbeit und dass du uns wieder so viel Freiheit bei der Buchumsetzung gelassen hast.

Ohne dich Simon, hätten wir vermutlich niemals die für uns besten Cocktails der Stadt genießen dürfen. Wenige Drinks inspirieren uns so sehr wie deine! Ganz vielen Dank dir für deine fachlichen Tipps, deine Ideen und vor allem auch für deine eigenen Cocktails, die wir in unser Buch mit einbauen dürfen. Für deine kontinuierliche Begleitung unseres Buchprojektes sind wir dir sehr dankbar. Auch einen lieben Dank an deine Woods-Crew, die uns auch immer all unsere Fragen beantwortet.

Anja und Michael. Auch euch beiden und Zwiesel Glas sagen wir DANKE. Danke, dass wir wieder mit euren so schönen und hochwertigen Gläsern arbeiten durften und diese unser Buch und unsere Rezepte optisch so richtig aufgepeppt haben. Zudem schmecken unsere Drinks daraus gleich noch mal so gut. Wir freuen uns auf alles Weitere, das wir gemeinsam in Zukunft noch auf die Beine stellen.

David. Ganz herzlichen Dank für deine vielen Stunden, die du bei unseren Shootings mit uns verbracht hast. Du hast so viele Ideen eingebracht, die wir sehr gerne umgesetzt haben und die viele Fotos und auch Rezepte zu dem gemacht haben, wie wir sie nun hier zeigen. Danke auch für die vielen Tastings, die du mit uns gemacht hast ... Nichts geht über ehrliches Feedback, und dieses Buch ist zu einem großen Teil auch deins!

Janina. Als Fotograf steht man immer ein wenig allein da, und umso mehr bin ich dir dankbar für unseren Austausch und unsere Freundschaft. Es ist schön den Weg gemeinsam zu gehen. Danke für die vielen Nachrichten und Sprachnotizen. Das Gut-Zusprechen, Inspirieren, Ermutigen und Motivieren.

Nicht zuletzt möchten wir unseren Eltern Gunhild, Moni, Helmut und Rolf sowie Oma Lore ein Riesen-Dankeschön aussprechen. Warum? Dafür, dass wir euch immer mit den neuesten Fotos »nerven« durften und ihr niemals aufgehört habt, uns zu beraten und eure Meinung dazu zu sagen. Wir sind so happy, dass ihr immer hinter uns und unseren neuen Ideen steht und uns dabei immer unterstützt.

6 MINT LEAVES
20 ML SIMPLE SYRUP
20 ML FRESH LIME JUICE
45 ML WHITE RUM
45 ML CLUB SODA
HOW TO MIX
50 ML WHITE RUM
PIÑA COLADA
45 ML LIGHT OR GOLD RUM
60 ML COCONUT MILK
60 ML FRESH PINEAPPLE JUICE
HOW TO MIX
MIMOSA
75 ML CHAMPAGNE
75 ML ORANGE JUICE
LAORI
ALCOHOL-FREE
BOAR
EASIP
DR. JAGLAS
HERBER
HIBISKUS

Impessum

Verantwortlich: Sonya Mayer
Texte & Rezepte: Sascha & Torsten Wett
Fotografie: Sascha Wett
Fotografie-Assistenz und Rezepte: David Raiser
Woods-Original-Rezepte: Simon Bach
Umschlaggestaltung: Regina Degenkolbe
Layout: Helen Garner, Art und Weise
Repro: LUDWIG:media
Korrektorat: Christiane Gsänger
Herstellung: Anna Katavic

Printed in Slovenia by DZS Grafik.

★★★★★

Sind Sie mit diesem Titel zufrieden? Dann würden wir uns über Ihre Weiterempfehlung freuen. Erzählen Sie es im Freundeskreis, berichten Sie Ihrem Buchhändler oder bewerten Sie bei Onlinekauf. Und wenn Sie Kritik, Korrekturen, Aktualisierungen haben, freuen wir uns über Ihre Nachricht an: Christian Verlag, Postfach 40 02 09, D-80702 München oder per E-Mail an lektorat@verlagshaus.de

Unser komplettes Programm finden Sie unter: www.christian-verlag.de

Alle Angaben dieses Werkes wurden von den Autoren sorgfältig recherchiert und auf den neuesten Stand gebracht sowie vom Verlag geprüft. Für die Richtigkeit der Angaben kann jedoch keine Haftung übernommen werden, weshalb die Nutzung auf eigene Gefahr erfolgt. Sollte dieses Werk Links auf Webseiten Dritter enthalten, so machen wir uns die Inhalte nicht zu eigen und übernehmen für die Inhalte keine Haftung.

In diesem Buch wird aus Gründen der besseren Lesbarkeit das generische Maskulinum verwendet. Weibliche und anderweitige Geschlechteridentitäten werden dabei ausdrücklich mitgemeint, soweit es für die Aussage erforderlich ist.

Bildnachweis: Alle Fotografien des Umschlags und des Innenteils stammen von Sascha Wett, mit Ausnahme von: Seite 5, 157: Julia Holland; Seite 12/13: Lukas Kleinberg

Die Deutsche Nationalbibliothek verzeichnet diese Publikation in der Deutschen Nationalbibliografie; detaillierte bibliografische Daten sind im Internet über http://dnb.d-nb.de abrufbar.

ISBN 978-3-95961-657-7

Ebenfalls erhältlich ...

ISBN 978-3-95961-606-5

ISBN 978-3-95961-091-9

ISBN 978-3-95961-486-3

ISBN 978-3-95961-407-8